Wer den Tag mit einem Lachen beginnt, hat bereits gewonnen.

Cicero

Inhalt

6 **Antipasti, Salate & Suppen**
Kleinigkeiten bringen italienische Lebensfreude auf den Teller.

48 **Pasta, Pizza & Co.**
Mediterrane Rezepte für Genussmomente mittags und abends.

92 **Süße Verführung**
Dolce Vita für alle Gelegenheiten.

106 **Biscotti - Keks auf italienisch**

108 **Register**
Alle Rezepte übersichtlich nach SmartPoints sortiert und in alphabetischer Reihenfolge.

112 **Impressum**

Rezeptinfos

5 **SmartPoints Wert pro Person / Glas / Stück**

Fertig in
Hier sind alle Vorbereitungsschritte, Marinier-, Gar- und Backzeiten eingerechnet.

Davon aktiv
Diese Zeitangabe sagt dir, wie lange du wirklich mit Schnippeln und Rühren beschäftigt bist.

vegetarisch

vegan

glutenfrei

laktosefrei

nussfrei

So geht's
QR-Code scannen und Einkaufslisten entdecken.

Amélie R.
Aysun C.
Alex W.
Rachel L.
WW Teilnehmer

Jetzt
WW
erleben:
ww.com

Antipasti, Salate & Suppen

Mediterrane Quesadilla mit gegrillter Zucchini

Für 2 Personen Fertig in 25 Min. Davon aktiv 25 Min.

2 getrocknete Tomaten ohne Öl
50 ml heiße Gemüsebrühe (1/4 TL Instantpulver)
1 kleine Zucchini
1 Handvoll Rucola
2 Stängel Basilikum
1 TL Kapern
50 g Frischkäse, bis 5 % Fett absolut
Salz, Pfeffer
2 kleine Tortilla Wraps
3 EL geriebener Parmesan
3 EL geriebener Käse, 30 % Fett i. Tr.

1 Getrocknete Tomaten ca. 10 Minuten in Brühe einweichen. Zucchini waschen und längs in Scheiben schneiden. Rucola und Basilikum waschen und trocken schütteln. Zucchinischeiben fettfrei in einer Grillpfanne auf mittlerer bis hoher Stufe 3–4 Minuten von jeder Seite grillen.

2 Für die Creme Tomaten abtropfen lassen und den Sud dabei auffangen. Tomaten mit 2 EL Sud, Kapern, Basilikum und Frischkäse pürieren und mit Salz und Pfeffer würzen.

3 Wraps mit Creme bestreichen. Einen Wrap mit Rucola und Zucchinischeiben belegen, mit Parmesan und Käse bestreuen und mit restlichem Wrap abdecken. Quesadilla fettfrei in einer Pfanne auf mittlerer bis hoher Stufe 2–3 Minuten von jeder Seite braten. Quesadilla vierteln und servieren.

8 SmartPoints Wert 1185 kJ | 283 kcal

Antipasti Brotsalat mit Mozzarella

Für 4 Personen Fertig in 40 Min. Davon aktiv 25 Min.

500 g kleine braune Champignons
je 2 rote und gelbe Paprika
2 kleine Zucchini
100 g Schalotten
2 EL Olivenöl
Salz, Pfeffer
1–2 TL gehackter Thymian
2 Knoblauchzehen
8 Scheiben Ciabatta
1 Kugel Büffelmozzarella
50 g entsteinte schwarze Oliven in Lake
4 EL dunkler Balsamicoessig
4 EL Gemüsebrühe (1/4 TL Instantpulver)
1 Prise Zucker

1 Backofen auf 200° C (Gas: Stufe 3, Umluft: 180° C) vorheizen. Champignons trocken abreiben. Paprika waschen, entkernen und in grobe Stücke schneiden. Zucchini waschen und in dicke Scheiben schneiden. Schalotten schälen und gegebenenfalls halbieren. Gemüse mit 1 EL Öl, Salz, Pfeffer und Thymian mischen, auf ein mit Backpapier ausgelegtes Backblech geben und im Backofen auf mittlerer Schiene ca. 20 Minuten garen.

2 Knoblauch hacken. Ciabatta in grobe Würfel schneiden. Restliches Öl in einer Pfanne auf mittlerer Stufe erhitzen und Brotwürfel darin 2–3 Minuten rundherum braten. Knoblauch dazugeben, kurz mitbraten und mit Salz würzen.

3 Mozzarella trocken tupfen und in Würfel schneiden. Oliven in Ringe schneiden. Essig und Brühe verrühren, mit Salz und Pfeffer würzen und mit Zucker verfeinern. Gemüse mit Brotwürfeln, Olivenringen und Mozzarellawürfeln mischen. Dressing unterheben und Antipasti Brotsalat servieren.

10 SmartPoints Wert 1790 kJ | 428 kcal

Würziger Bohneneintopf mit Steckrübe

Für 6 Personen Fertig in 50 Min. Davon aktiv 15 Min.

1 Zwiebel
2 Karotten
1 Knoblauchzehe
3 Stangen Staudensellerie
1/2 Steckrübe
1 Dose Cannellini-Bohnen (410 g Abtropfgewicht)
1,5 Liter Gemüsebrühe (6 TL Instantpulver)
400 g stückige Tomaten (Konserve)
1 TL Tomatenmark
1 EL gemischte italienische Kräuter
100 g grüne Bohnen
50 g trockene Vollkornspaghetti
einige Stängel Basilikum
Salz, Pfeffer

1 Zwiebel mit Karotten schälen und fein würfeln. Knoblauch hacken. Sellerie waschen und in feine Scheiben schneiden. Steckrübe schälen und würfeln. Cannellini-Bohnen abspülen und abtropfen lassen.

2 Zwiebel-, Karotten- und Steckrübenwürfel mit Knoblauch, Selleriescheiben, Cannellini-Bohnen, Brühe, Tomaten, Tomatenmark und Kräutern in einem Topf aufkochen und auf mittlerer Stufe 20–25 Minuten garen.

3 Grüne Bohnen waschen und in Stücke schneiden. Spaghetti in kurze Stücke brechen, mit grünen Bohnenstücken zum Gemüse geben und 8–10 Minuten mitkochen. Basilikum waschen, trocken schütteln und hacken. Bohneneintopf mit Salz und Pfeffer abschmecken und mit Basilikum bestreut servieren.

1 **SmartPoints Wert** 688 kJ | 165 kcal

Mini-Calzone mit Schinken und Champignons

Für 8 Stück Fertig in 95 Min. Davon aktiv 30 Min.

1 Würfel Hefe
1 TL Zucker
160 ml lauwarmes Wasser
320 g Mehl
2 TL Olivenöl
Salz, Pfeffer
100 g Champignons
3 Scheiben gekochter Schinken
125 g passierte Tomaten (Konserve)
1 TL italienische Kräuter
60 g geriebener Käse, 30 % Fett i. Tr.
1 TL gehackter Oregano

1 Hefe zerbröckeln und mit Zucker in Wasser auflösen. Mehl in eine Schüssel geben, in die Mitte eine Vertiefung drücken und Hefemischung hineingießen. Mit etwas Mehl verrühren und Vorteig an einem warmen Ort zugedeckt ca. 15 Minuten gehen lassen.

2 Öl und 1 TL Salz zum Vorteig geben, zu einem glatten Teig verkneten und weitere ca. 30 Minuten gehen lassen. Champignons trocken abreiben und in Scheiben schneiden. Schinken in Streifen schneiden. Für die Sauce Tomaten und italienische Kräuter verrühren und mit Salz und Pfeffer abschmecken.

3 Backofen auf 200° C (Gas: Stufe 3, Umluft: 180° C) vorheizen. Teig in 8 Stücke teilen, jeweils rund (Ø ca. 12 cm) ausrollen und auf ein mit Backpapier ausgelegtes Backblech legen. Teigfladen mit Sauce bestreichen, zur Hälfte mit Schinkenstreifen und Champignonscheiben belegen, zusammenklappen und die Ränder festdrücken.

4 Mini-Calzone im Backofen auf mittlerer Schiene ca. 10 Minuten backen, mit Käse und Oregano bestreuen, im Backofen weitere ca. 10 Minuten backen und servieren.

5 SmartPoints Wert 799 kJ | 191 kcal

Auberginentürmchen mit Oreganocreme

Für 1 Person **Fertig in 25 Min.** **Davon aktiv 20 Min.**

1 Aubergine
Salz, Pfeffer
100 g Frischkäse, bis 5 % Fett absolut
1 EL Orangensaft
2 TL Tomatenmark
1/2 TL Senf
1 TL gehackter Oregano
1 Msp. Chiliflocken
2 Stängel Basilikum

1 Aubergine waschen, in Scheiben schneiden, salzen und ca. 5 Minuten ziehen lassen. Für die Creme Frischkäse mit Orangensaft, Tomatenmark, Senf, Oregano und Chiliflocken verrühren und mit Salz und Pfeffer würzen.

2 Auberginenscheiben trocken tupfen und fettfrei in einer Grillpfanne auf mittlerer bis hoher Stufe ca. 5 Minuten von jeder Seite grillen. Basilikum waschen, trocken schütteln und Blätter abzupfen. Auberginenscheiben mit Oreganocreme bestreichen und abwechselnd mit Basilikum zu 3 kleinen Türmchen stapeln. Auberginentürmchen servieren.

3 **SmartPoints Wert** 749 kJ | 179 kcal

Mediterrane Thunfischcreme

Für 4 Personen Fertig in 15 Min. Davon aktiv 15 Min.

1 kleine Tomate
1 kleine Schalotte
1 Zweig Thymian
1 TL Kapern
1 Knoblauchzehe
1 Dose Thunfisch im eigenen Saft (150 g Abtropfgewicht)
3 EL Frischkäse, bis 5 % Fett absolut
Salz, Pfeffer

1 Tomate waschen, vierteln, Kerngehäuse entfernen und Tomate fein würfeln. Schalotte schälen und in feine Würfel schneiden. Thymian waschen, trocken schütteln und mit Kapern hacken. Knoblauch pressen.

2 Thunfisch abtropfen lassen, mit einer Gabel zerpflücken und mit Frischkäse, Tomaten-, Schalottenwürfeln, Knoblauch, Thymian und Kapern vermischen. Mediterrane Thunfischcreme mit Salz und Pfeffer würzen und servieren.

0 **SmartPoints Wert** 265 kJ | 63 kcal

Keep cool

Die Creme hält sich 1–2 Tage im Kühlschrank.

Italienische Zwiebelsuppe mit Parmesanbrot

Für 4 Personen Fertig in 35 Min. Davon aktiv 15 Min.

3 Gemüsezwiebeln
2 Stangen Staudensellerie
1 TL Olivenöl
1 EL Mehl
2 EL heller Balsamicoessig
1 Liter Gemüsebrühe
(4 1/2 TL Instantpulver)
1 EL gehackter Oregano
Salz, Pfeffer
160 g Ciabattabrot
4 EL geriebener Parmesan

1 Backofen auf 180° C (Gas: Stufe 2, Umluft: 160° C) vorheizen. Zwiebeln schälen und in Ringe schneiden. Sellerie waschen und würfeln. Öl in einem Topf auf mittlerer Stufe erhitzen und Zwiebelringe mit Selleriewürfeln darin dünsten. Mehl dazugeben, kurz anschwitzen, mit Essig und Brühe ablöschen, Oregano, Salz und Pfeffer dazugeben und ca. 20 Minuten köcheln lassen.

2 Brot in 8 Scheiben schneiden, mit Parmesan bestreuen und im Backofen auf mittlerer Schiene ca. 10 Minuten rösten. Zwiebelsuppe mit Parmesanbrot servieren.

5 SmartPoints Wert 943 kJ | 226 kcal

Chips prosciutto

Zu der Suppe passen selbstgemachte Schinkenchips. Dazu 4 Scheiben rohen Parmaschinken jeweils vierteln, mit dem Brot im Backofen 5–8 Minuten rösten und Suppe damit garnieren. Die SmartPoints pro Person erhöhen sich auf 6.

Bunter Tomatensalat mit Mozzarellakugeln

Für 4 Personen Fertig in 15 Min. Davon aktiv 15 Min.

2 TL Olivenöl
2 EL dunkler Balsamicoessig
1 TL Honig
1 TL Senf
Salz, Pfeffer
je 200 g rote und gelbe Cocktailtomaten
2 Ochsenherztomaten
2 Zebratomaten (ersatzweise Kumato-Tomaten)
4 Stängel Basilikum
80 g fettreduzierte Mozzarella-Minis

1 Für das Dressing Öl mit Essig, Honig und Senf verrühren und mit Salz und Pfeffer abschmecken. Tomaten waschen. Cocktailtomaten halbieren, Ochsenherztomaten in Stücke und Zebratomaten in Scheiben schneiden.

2 Basilikum waschen, trocken schütteln und in Streifen schneiden. Mozzarella trocken tupfen. Tomaten mit Mozzarella und Basilikum vermischen, mit Dressing beträufeln, mit Salz und Pfeffer würzen und bunten Tomatensalat servieren.

2 SmartPoints Wert 435 kJ | 104 kcal

Mini-Pesto-Toast-Spieße

Für 8 Stück Fertig in 15 Min. Davon aktiv 15 Min.

6 Blätter Kopfsalat
1 kleine rote Paprika
4 Stängel Basilikum
2 EL Gemüsebrühe (1 Prise Instantpulver)
2 EL Frischkäse, bis 5 % Fett absolut
1 EL geriebener Parmesan
Salz, Pfeffer
8 große Scheiben Vollkorntoast
100 g Geflügelbrustaufschnitt

1 Salat waschen, trocken schütteln und in kleine Stücke zerteilen. Paprika waschen, entkernen und in feine Streifen schneiden. Für das Pesto Basilikum waschen, trocken schütteln, mit Brühe, Frischkäse und Parmesan pürieren und mit Salz und Pfeffer würzen.

2 Toastscheiben mit Pesto bestreichen und 6 Scheiben mit Salatstücken, Paprikastreifen und Geflügelbrustaufschnitt belegen. Jeweils 3 belegte Toasts aufeinander stapeln und mit restlichen Toastscheiben mit der bestrichenen Fläche nach unten abdecken. Toast-Türmchen vierteln, Spieße hineinstecken und Mini-Pesto-Toast-Spieße servieren.

3 SmartPoints Wert 543 kJ | 130 kcal

Warmer Tomaten-Auberginensalat

Für 2 Personen   Fertig in 60 Min.   Davon aktiv 20 Min.

1 Aubergine
2 TL Kreuzkümmel
2 TL Koriandersamen
1/2 TL Chilipulver
150 g kleine Strauchtomaten
200 g Zuckererbsenschoten
Salz, Pfeffer
3 Stängel frischer Koriander
2 Knoblauchzehen
1 EL Olivenöl
1 Spritzer Zitronensaft

1 Backofen auf 200° C (Gas: Stufe 3, Umluft: 180° C) vorheizen. Aubergine waschen und in Stücke schneiden. Kreuzkümmel, Koriander und Chilipulver in einer Pfanne rösten, in einem Mörser mahlen und Auberginenstücke damit bestreuen. Auberginenstücke auf einem mit Backpapier ausgelegten Backblech verteilen und im Backofen auf mittlerer Schiene ca. 20 Minuten rösten.

2 Tomaten waschen, auf das Blech geben und ca. 15 Minuten mitgaren. Zuckererbsenschoten waschen, in Salzwasser 2–3 Minuten blanchieren, abgießen und mit geröstetem Gemüse vermischen. Koriander waschen, trocken schütteln, hacken und unter das Gemüse rühren. Knoblauch pressen, mit Öl, Zitronensaft, Salz und Pfeffer verrühren, über das Gemüse träufeln und Tomaten-Auberginensalat servieren.

2 SmartPoints Wert   736 kJ | 176 kcal

Blumenkohl-Pizza-Häppchen

Für 9 Stück Fertig in 45 Min. Davon aktiv 20 Min.

250 g Blumenkohl
Salz, Pfeffer
4 Champignons
1 Kugel fettreduzierter Mozzarella
1 Ei (Größe M)
1/4 TL Knoblauchsalz
1/2 TL getrocknetes Basilikum
1/2 TL getrockneter Oregano
1 TL Olivenöl
3 Scheiben roher Schinken
2 EL Tomatenmark
1 EL geriebener Parmesan
1 Prise Chiliflocken
einige Blätter Rucola
1 EL Balsamicocreme

1 Blumenkohl waschen, in kleine Röschen teilen und in Salzwasser ca. 10 Minuten garen. Champignons trocken abreiben und in Scheiben schneiden. Mozzarella trocken tupfen und reiben. Backofen auf 200° C (Gas: Stufe 3, Umluft: 180° C) vorheizen.

2 Blumenkohl abgießen und Blumenkohlröschen pürieren. Ei verquirlen und mit Blumenkohlpüree, 70 g Mozzarella, Knoblauchsalz, Pfeffer, Basilikum und Oregano verrühren. Aus der Masse 9 Bällchen formen, auf ein mit Backpapier ausgelegtes Backblech legen und zu Talern (Ø ca. 6 cm) flach drücken. Taler mit Öl bepinseln und im Backofen auf mittlerer Schiene 10–12 Minuten backen.

3 Schinken in je 3 Scheiben schneiden. Blumenkohltaler mit Tomatenmark bestreichen, mit Champignon- und Schinkenscheiben belegen, mit restlichem Mozzarella, Parmesan und Chiliflocken bestreuen und im Ofen weitere ca. 4 Minuten backen. Rucola waschen und trocken schütteln. Blumenkohl-Pizza-Häppchen mit Rucola garnieren und mit Balsamicocreme beträufelt servieren.

1 SmartPoints Wert 277 kJ | 66 kcal

Schafskäsecreme mit getrockneten Tomaten und Basilikum

Für 4 Personen Fertig in 15 Min. Davon aktiv 5 Min.

2 getrocknete Tomaten ohne Öl
50 ml heiße Gemüsebrühe (1/4 TL Instantpulver)
2 Stängel Basilikum
70 g Schafskäse, 25 % Fett i. Tr.
4 EL Magermilchjoghurt
1 TL Tomatenmark
1 Knoblauchzehe
Salz, Pfeffer
4 Scheiben Baguette

1 Tomaten ca. 10 Minuten in Brühe einweichen, abtropfen lassen und hacken. Basilikum waschen, trocken schütteln und fein hacken.

2 Tomaten mit Schafskäse, Joghurt, Tomatenmark und Knoblauch pürieren. Schafskäsecreme mit Salz und Pfeffer abschmecken, Basilikum unterheben und Schafskäsecreme mit Baguettescheiben servieren.

3 **SmartPoints Wert** 507 kJ | 121 kcal

Keep cool

Die Schafskäsecreme hält sich 2–3 Tage im Kühlschrank, am besten in einem dicht verschlossenen Behälter.

Monte Cristo Sandwiches

Für 2 Personen **Fertig in 20 Min.** **Davon aktiv 10 Min.**

1 Ei (Größe M)
1 Eiklar (Größe M)
1 EL entrahmte Milch
Salz, Pfeffer
1 Prise Paprikapulver
4 kleine Scheiben Vollkorntoast
2 EL Salatcreme, bis 10 % Fett
4 Scheiben gekochter Schinken
4 EL geriebener Käse, 30 % Fett i. Tr.
1 TL Rapsöl

1 Ei mit Eiklar, Milch, Salz, Pfeffer und Paprikapulver in einem tiefen Teller verquirlen. Toastscheiben mit einem Nudelholz flacher ausrollen. Toast mit Salatcreme bestreichen, die Hälfte der Toastscheiben mit Schinken und Käse belegen, mit restlichen Toastscheiben abdecken und dabei leicht andrücken.

2 Sandwiches vorsichtig in der Eimischung wenden. Öl in einer Pfanne auf mittlerer bis hoher Stufe erhitzen und Sandwiches darin 4–5 Minuten von jeder Seite braten. Monte Cristo Sandwiches vierteln und servieren.

8 **SmartPoints Wert** 1421 kJ | 340 kcal

Wusstest du schon?

Das Monte Cristo Sandwich ist eine Variation des französischen Croque Monsieur. Dabei wird Toast oder Brioche-Brot mit Käse und gekochtem Schinken belegt und das Sandwich anschließend im Backofen oder in der Pfanne geröstet, sodass der Käse schmilzt.

Frühlingsminestrone

Für 4 Personen   Fertig in 20 Min.   Davon aktiv 10 Min.

1 Karotte
2 Frühlingszwiebeln
110 g Broccoli
110 g grüne Bohnen
100 g grüne Spargelspitzen
1 TL Olivenöl
70 g magere Schinkenwürfel
1 Liter Gemüsebrühe
(4 1/2 TL Instantpulver)
100 g trockene Conchigliette
(kleine Muschelnudeln)
einige Blätter Basilikum
Salz, Pfeffer
4 TL Pesto verde

1 Karotte schälen und würfeln. Frühlingszwiebeln waschen und in Ringe schneiden. Broccoli waschen und in Röschen teilen. Bohnen und Spargelspitzen waschen und halbieren.

2 Öl in einem Topf auf mittlerer bis hoher Stufe erhitzen und Karotten- und Schinkenwürfel darin ca. 5 Minuten anbraten. Mit Brühe ablöschen, aufkochen, Nudeln dazu geben und ca. 5 Minuten garen.

3 Frühlingszwiebelringe, Broccoliröschen, Bohnen und Spargelspitzen zur Brühe geben und 3–4 Minuten kochen. Basilikum waschen und trocken schütteln. Frühlingsminestrone mit Salz und Pfeffer würzen und mit Pesto und Basilikum garniert servieren.

4 SmartPoints Wert   811 kJ | 194 kcal

Tipp

Für eine vegetarische Variante ersetze die Schinkenwürfel durch mehr Frühlingszwiebelringe. Die SmartPoints ändern sich nicht.

Geröstete Paprika mit Fenchel

Für 2 Personen Fertig in 40 Min. Davon aktiv 10 Min.

2 rote Paprika
1 Fenchelknolle
8 Cocktailtomaten
1 rote Zwiebel
4 Knoblauchzehen
2 Zweige Thymian
Salz, Pfeffer
1 EL dunkler Balsamicoessig

1 Backofen auf 200° C (Gas: Stufe 3, Umluft: 180° C) vorheizen. Paprika waschen, entkernen und längs halbieren. Fenchel halbieren, den Strunk entfernen und Fenchel in Spalten schneiden. Tomaten waschen. Zwiebel schälen, vierteln und in dünne Scheiben schneiden.

2 Paprikahälften, Fenchelspalten, Tomaten, Zwiebelscheiben und ungeschälte Knoblauchzehen auf einem mit Backpapier ausgelegten Backblech verteilen. Thymian waschen, trocken schütteln, hacken, über dem Gemüse verteilen und mit Salz und Pfeffer würzen. Gemüse im Backofen auf mittlerer Schiene ca. 30 Minuten garen.

3 Knoblauchzehen vorsichtig schälen und mit Essig, Salz und Pfeffer verrühren. Paprikahälften mit Tomaten, Fenchelspalten und Zwiebelscheiben füllen und mit Knoblauch-Essig-Mischung beträufelt servieren.

0 SmartPoints Wert 528 kJ | 126 kcal

Focacciaecken mit Oliven-Käse-Dip

Für 16 Stück **Fertig in 85 Min.** **Davon aktiv 25 Min.**

1 Würfel Hefe
1 Prise Zucker
160 ml lauwarmes Wasser
280 g Mehl
Salz, Pfeffer
2 TL Olivenöl
1/2 TL Meersalz
2 EL gehackter Rosmarin
10 entsteinte grüne Oliven in Lake
100 g Schafskäse, 25 % Fett i. Tr.
200 g Frischkäse, bis 5 % Fett absolut
1 EL gehackte Petersilie

1 Hefe zerbröckeln und mit Zucker in Wasser auflösen. Mehl und 1 TL Salz in eine Schüssel geben, in die Mitte eine Vertiefung drücken und Hefemischung hineingießen. Mit etwas Mehl verrühren und Vorteig an einem warmen Ort zugedeckt ca. 15 Minuten gehen lassen. Mehl und Hefemischung zu einem glatten Teig verkneten und weitere ca. 30 Minuten gehen lassen. Backofen auf 180° C (Gas: Stufe 2, Umluft: 160° C) vorheizen.

2 Teig erneut durchkneten, zwischen Folie zu einem Rechteck (ca. 20 x 30 cm) ausrollen und auf ein mit Backpapier ausgelegtes Backblech legen. Vertiefungen in den Teig drücken und weitere ca. 10 Minuten gehen lassen. Focaccia mit Öl bepinseln, mit Meersalz, Rosmarin und Pfeffer bestreuen und im Backofen auf mittlerer Schiene ca. 20 Minuten backen.

3 Oliven fein hacken. Für den Dip Schafskäse mit einer Gabel zerdrücken und mit Frischkäse glatt rühren. Oliven und Petersilie unterrühren und mit Salz und Pfeffer abschmecken. Focaccia in 16 Ecken schneiden und mit Dip servieren.

3 **SmartPoints Wert** 405 kJ | 97 kcal

Klassische Tomatensuppe

Für 4 Personen Fertig in 40 Min. Davon aktiv 25 Min.

2 Stangen Staudensellerie
1 Zwiebel
1 Karotte
einige Stängel Basilikum
6 Tomaten
1 EL Olivenöl
Salz, Pfeffer
3 Knoblauchzehen
4 EL Tomatenmark
750 ml Gemüsebrühe
(3 TL Instantpulver)
2 EL geriebener Parmesan
1 TL Chiliflocken

1 Sellerie waschen. Zwiebel und Karotte schälen und mit Sellerie würfeln. Basilikum waschen, trocken schütteln, hacken und etwas gehacktes Basilikum zur Seite stellen. Tomaten kreuzweise einschneiden, mit kochendem Wasser überbrühen, häuten und fein würfeln. Einige Tomatenwürfel zur Seite stellen.

2 Öl in einem Topf auf mittlerer Stufe erhitzen und Zwiebel-, Karotten- und Selleriewürfel mit gehacktem Basilikum und Salz darin 5–7 Minuten garen. Knoblauch dazupressen und kurz mitgaren. Tomatenmark einrühren, ca. 2 Minuten kochen lassen, Tomatenwürfel und Brühe dazugeben und mit Salz und Pfeffer abschmecken.

3 Suppe aufkochen, auf niedriger Stufe ca. 20 Minuten köcheln lassen und mit restlichem Basilikum, restlichen Tomatenwürfeln, Parmesan und Chiliflocken bestreut servieren.

2 SmartPoints Wert 522 kJ | 125 kcal

Paprika-Bruschetta mit Schafskäse

Für 8 Stück Fertig in 15 Min. Davon aktiv 15 Min.

je 1 kleine rote und gelbe Paprika
2 Schalotten
40 g Schafskäse, 25 % Fett i. Tr.
1 TL Olivenöl
2 EL dunkler Balsamicoessig
Salz, Pfeffer
2 EL gehacktes Basilikum
8 Scheiben Baguette
1 Knoblauchzehe

1 Paprika waschen, entkernen und fein würfeln. Schalotten schälen und in Ringe schneiden. Schafskäse zerbröseln.

2 Öl in einer Pfanne auf mittlerer bis hoher Stufe erhitzen, Paprikawürfel und Schalottenringe darin ca. 5 Minuten braten, mit Essig ablöschen, mit Salz und Pfeffer würzen und mit Basilikum verfeinern.

3 Baguettescheiben fettfrei in einer Grillpfanne auf mittlerer Stufe ca. 2 Minuten von jeder Seite rösten und mit Knoblauch abreiben. Baguettescheiben mit Paprikamischung belegen, mit Schafskäse bestreuen und Paprika-Bruschetta servieren.

2 SmartPoints Wert 437 kJ | 104 kcal

Rosmarin-Bohnen-Eintopf

Für 4 Personen **Fertig in 35 Min.** **Davon aktiv 15 Min.**

2 Rostbratwürstchen (200 g)
6 Schalotten
700 g festkochende Kartoffeln
je 1 rote, gelbe und grüne Paprika
1 Dose weiße Bohnen (480 g Abtropfgewicht)
1 TL Rapsöl
2 Knoblauchzehen
450 g stückige Tomaten (Konserve)
150 ml trockener Weißwein
300 ml Gemüsebrühe (1 1/2 TL Instantpulver)
1 Prise Paprikapulver
1 Lorbeerblatt
1 Zweig Rosmarin
Salz, Pfeffer

1 Würstchen auf dem Rost 5–10 Minuten rundherum grillen, auskühlen lassen und in Stücke schneiden. Schalotten schälen und würfeln. Kartoffeln schälen und in Stücke schneiden. Paprika waschen, entkernen und in Stücke schneiden. Bohnen abspülen und abtropfen lassen.

2 Öl in einem Topf auf mittlerer bis hoher Stufe erhitzen und Schalottenwürfel darin ca. 3 Minuten andünsten. Knoblauch dazupressen, Paprika- und Kartoffelstücke zufügen und ca. 5 Minuten mitdünsten.

3 Mit Tomaten, Wein und Brühe ablöschen, Bohnen, Wurststücke, Paprikapulver, Lorbeerblatt und Rosmarin dazugeben, aufkochen und ca. 15 Minuten köcheln lassen. Lorbeerblatt und Rosmarinzweig entfernen, Rosmarin-Bohnen-Eintopf mit Salz und Pfeffer abschmecken und servieren.

10 SmartPoints Wert 2149 kJ | 514 kcal

So geht's auch

Du kannst die Würstchen auch fettfrei in einer Pfanne zubereiten.

Gegrillte Antipasti

Für 4 Personen Fertig in 50 Min. Davon aktiv 15 Min.

2 Fenchelknollen
500 g Stangenbroccoli
400 g Artischockenböden in Lake (Konserve)
1 Knoblauchzehe
1 EL Olivenöl
3 EL dunkler Balsamicoessig
Salz, Pfeffer
1/2 Bund Basilikum

1 Backofen mit Grillfunktion auf 200° C (Gas: Stufe 3, Umluft: 180° C) vorheizen. Fenchel waschen, halbieren, den Strunk entfernen und Fenchel in grobe Streifen schneiden. Broccoli waschen. Artischockenböden abgießen.

2 Knoblauch zum Gemüse pressen, alles mit Öl, Essig, Salz und Pfeffer verrühren und auf einem mit Backpapier ausgelegten Backblech verteilen. Im Backofen auf mittlerer Schiene ca. 30 Minuten grillen, dabei nach der Hälfte der Garzeit wenden. Basilikum waschen, trocken schütteln und grob hacken. Antipasti mit Basilikum garniert servieren.

1 **SmartPoints Wert** 598 kJ | 143 kcal

Dazu passt …

… die mediterrane Thunfischcreme von Seite 18 oder die Schafskäsecreme von Seite 31.

Info

Wenn du keinen Stangenbroccoli im Handel findest, kannst du diesen durch normale Broccoliröschen ersetzen.

Pasta, Pizza & Co.

Pasta Colore

Für 2 Personen   Fertig in 30 Min.   Davon aktiv 15 Min.

1 Schalotte
1 Romanesco
Salz, Pfeffer
120 g trockene Farfalle
150 ml Rote Bete Saft
1 Prise Zucker
1 EL gehackter Thymian
2 EL Parmesanhobel

1 Schalotte schälen und würfeln. Romanesco waschen, in kleine Röschen teilen und in Salzwasser ca. 15 Minuten garen.

2 Nudeln nach Packungsanweisung in Salzwasser garen, dabei ca. 1 Minute vor Ende der Garzeit abgießen. Rote Bete Saft mit Zucker in einem Topf aufkochen, vorgegarte Nudeln und Schalottenwürfel dazugeben und auf mittlerer Stufe ca. 2 Minuten köcheln lassen, bis die Nudeln die Flüssigkeit aufgenommen haben.

3 Romanescoröschen abgießen, mit Thymian unter die Nudeln mischen und mit Salz und Pfeffer würzen. Pasta Colore mit Parmesanhobeln bestreut servieren.

9 **SmartPoints Wert** 1682 kJ | 402 kcal

Nudel-Risotto mit Lauch und Spargel

Für 2 Personen   Fertig in 25 Min.   Davon aktiv 15 Min.

1 Stange Lauch, 1 Zwiebel
200 g grüner Spargel
1 TL Olivenöl
120 g trockene Risoni-Nudeln
300 ml Gemüsebrühe (1 1/2 TL Instantpulver)
1 EL Crème légère
1 TL gehackter Thymian, Salz, Pfeffer
3 EL geriebener Parmesan

1 Lauch waschen und in feine Ringe schneiden. Zwiebel schälen und würfeln. Spargel waschen, das untere Drittel schälen und Spargel in mundgerechte Stücke schneiden.

2 Öl in einem Topf auf mittlerer bis hoher Stufe erhitzen und Zwiebelwürfel darin ca. 2 Minuten andünsten. Lauchringe und Nudeln dazugeben und ca. 2 Minuten mitdünsten. Mit Brühe ablöschen und ca. 10 Minuten köcheln lassen, dabei gelegentlich rühren.

3 Spargelstücke ca. 5 Minuten vor Ende der Garzeit dazugeben und mitgaren. Nudel-Risotto mit Crème légère und Thymian verfeinern, mit Salz und Pfeffer abschmecken und mit Parmesan bestreut servieren.

9 SmartPoints Wert 1496 kJ | 358 kcal

Paprika-Pizza mit Geflügelbällchen

Für 12 Stücke **Fertig in 90 Min.** **Davon aktiv 20 Min.**

1/2 Zwiebel
1 Knoblauchzehe
3 TL Olivenöl
225 g stückige Tomaten (Konserve)
2 EL Wasser
200 g Blattspinat
250 g Mehl
1/2 Päckchen Trockenhefe
1 Prise Salz
160 ml lauwarmes Wasser
1 gelbe Paprika
1 Kugel fettreduzierter Mozzarella
100 g rohe Geflügelbratwurst
einige Blätter Basilikum

1 Zwiebel schälen und mit Knoblauch fein würfeln. 1 TL Öl in einer Pfanne auf mittlerer Stufe erhitzen und Zwiebel- und Knoblauchwürfel darin ca. 5 Minuten garen. Tomaten und 2 EL Wasser dazugeben und ca. 25 Minuten auf mittlerer Stufe köcheln lassen. Spinat waschen, leicht trocken schleudern, in einem Topf auf niedriger Stufe ca. 5 Minuten dünsten, abkühlen lassen und Flüssigkeit ausdrücken.

2 Mehl, Hefe und Salz in einer Schüssel vermischen, lauwarmes Wasser unterrühren und ca. 5 Minuten gehen lassen. Teig gut durchkneten und weitere ca. 5 Minuten gehen lassen. Teig auf einem mit Backpapier ausgelegten Backblech zu einem großen, dünnen Kreis formen und ca. 30 Minuten an einem warmen Ort gehen lassen. Backofen auf 200° C (Gas: Stufe 3, Umluft: 180° C) vorheizen.

3 Paprika waschen, entkernen und in Streifen schneiden. Mozzarella trocken tupfen und zerpflücken. Aus der Geflügelbratwurst kleine Fleischbällchen drücken. Pizzateig mit Tomatensauce bestreichen, mit Spinat, Paprikastreifen, Fleischbällchen und Mozzarella belegen.

4 Pizza mit restlichem Öl beträufeln und im Backofen auf mittlerer Schiene ca. 15 Minuten backen. Basilikum waschen, trocken schütteln und grob hacken. Paprika-Pizza mit Basilikum garniert servieren.

3 **SmartPoints Wert** 516 kJ | 123 kcal

Gratinierte Riesenmuschelnudeln mit Frischkäsefüllung

Für 2 Personen Fertig in 45 Min. Davon aktiv 30 Min.

100 g trockene Riesenmuschelnudeln
Salz, Pfeffer
2 Schalotten
1/2 Bund Basilikum
1 Ei (Größe M)
225 g Frischkäse, bis 5 % Fett absolut
50 g Ricotta
1 Msp. geriebene Muskatnuss
400 g passierte Tomaten (Konserve)
3 Frühlingszwiebeln
1 säuerlicher Apfel (z. B. Boskoop)
400 g Karotten
2 TL Senf
2 EL Zitronensaft
75 ml Gemüsebrühe (1/4 TL Instantpulver)

1 Nudeln nach Packungsanweisung in Salzwasser garen. Schalotten schälen und fein würfeln. Basilikum waschen, trocken schütteln und hacken. Backofen auf 200° C (Gas: Stufe 3, Umluft: 180° C) vorheizen.

2 Nudeln abgießen und kalt abspülen. Für die Füllung Ei trennen. Eiklar mit 1 Prise Salz steif schlagen. Frischkäse mit Ricotta und Eigelb glatt rühren und mit Salz, Pfeffer und Muskatnuss würzen. Basilikum mit Eischnee vorsichtig unter die Masse heben.

3 Nudeln mit der Öffnung nach oben in einer Auflaufform (ca. 20 x 30 cm) verteilen und mit Frischkäsecreme füllen. Tomaten mit Schalottenwürfeln verrühren, mit Salz und Pfeffer abschmecken und um die Nudeln herum in der Auflaufform verteilen. Nudeln im Backofen auf mittlerer Schiene ca. 30 Minuten backen.

4 Für den Salat Frühlingszwiebeln waschen und in feine Ringe schneiden. Apfel vierteln, entkernen, mit Karotten schälen und raspeln. Für das Dressing Senf mit Zitronensaft und Brühe verrühren. Karotten- und Apfelraspel mit Frühlingszwiebelringen und Dressing vermischen und mit Salz und Pfeffer abschmecken. Gratinierte Riesenmuschelnudeln mit Karottensalat servieren.

11 SmartPoints Wert 2344 kJ | 560 kcal

Spaghetti Carbonara mit Römersalat

Für 2 Personen **Fertig in 30 Min.** **Davon aktiv 30 Min.**

1 Römersalatherz
250 g Champignons
1 rote Zwiebel
2 EL heller Balsamicoessig
2 TL Senf
1 TL Honig
3 TL Olivenöl
50 ml Gemüsebrühe (1/4 TL Instantpulver)
Salz, Pfeffer
100 g trockene Spaghetti
2 Eier (Größe M)
2 EL geriebener Pecorino (ersatzweise Parmesan)
1 EL gehackte Petersilie
75 g magere Schinkenwürfel
1 Knoblauchzehe

1 Salat waschen, trocken schleudern und in Streifen schneiden. Champignons trocken abreiben und in dünne Scheiben schneiden. Zwiebel schälen und in Streifen schneiden. Für das Dressing Essig, Senf, Honig, 2 TL Öl und Brühe verquirlen und mit Salz und Pfeffer abschmecken.

2 Spaghetti nach Packungsanweisung in Salzwasser garen. Eier mit Pecorino und Petersilie verquirlen. Restliches Öl in einer Pfanne auf mittlerer Stufe erhitzen und Schinkenwürfel darin knusprig anbraten. Knoblauch dazupressen und kurz mitbraten.

3 Spaghetti abgießen, gut abtropfen lassen und sofort in die Pfanne geben. Eiermischung über die heißen Schinkennudeln geben, gut vermischen und von der Herdplatte nehmen. Spaghetti Carbonara mit Salz und Pfeffer abschmecken. Salat mit Dressing mischen und dazu servieren.

10 **SmartPoints Wert** 2158 kJ | 516 kcal

Garnelen-Chorizo-Frittata

Für 4 Personen Fertig in 50 Min. Davon aktiv 25 Min.

120 g Erbsen (TK)
200 g küchenfertige Garnelen
120 g Chorizo
1 rote Zwiebel
1 rote Paprika
1 Knoblauchzehe
1 TL Olivenöl
4 Eier (Größe M)
4 Eiklar (Größe M)
Salz, Pfeffer

1 Erbsen auftauen lassen. Garnelen abspülen und trocken tupfen. Chorizo in dünne Scheiben schneiden. Zwiebel schälen. Paprika waschen, entkernen und mit Zwiebel würfeln. Knoblauch hacken.

2 Öl in einer Pfanne auf mittlerer bis hoher Stufe erhitzen, Chorizoscheiben darin ca. 2 Minuten anbraten und herausnehmen. Garnelen im Bratensatz 2–3 Minuten rundherum braten und herausnehmen. Backofen auf 200° C (Gas: Stufe 3, Umluft: 180° C) vorheizen.

3 Knoblauch, Zwiebel- und Paprikawürfel im Bratensatz ca. 5 Minuten andünsten. Erbsen, Chorizoscheiben und Garnelen dazugeben, ca. 2 Minuten garen und alles in eine runde Auflaufform (Ø ca. 20 cm) geben.

4 Eier mit Eiklar aufschlagen, mit Salz und Pfeffer würzen, über die Garnelen-Chorizo-Mischung geben und im Backofen auf mittlerer Schiene 20–25 Minuten garen. Garnelen-Chorizo-Frittata servieren.

4 SmartPoints Wert 1335 kJ | 319 kcal

Geschmorter Kaninchentopf

Für 4 Personen   Fertig in 70 Min.   Davon aktiv 30 Min.

600 g Kaninchenfleisch
Salz, Pfeffer
1 TL Olivenöl
2 Karotten
2 Pastinaken
400 g Knollensellerie
2 rote Zwiebeln
je 1 Stängel Salbei und Rosmarin
700 ml Gemüsebrühe (3 TL Instantpulver)
1 Stange Zimt
600 g mehligkochende Kartoffeln
1 EL dunkler Balsamicoessig

1 Kaninchenfleisch waschen, trocken tupfen, in Stücke schneiden und mit Salz und Pfeffer würzen. Öl in einer Pfanne auf hoher Stufe erhitzen, Fleisch darin ca. 5 Minuten rundherum anbraten und herausnehmen.

2 Karotten, Pastinaken, Sellerie und Zwiebeln schälen. Karotten, Pastinaken und Sellerie in Würfel, Zwiebeln in Spalten schneiden und alles im Bratensatz 3–4 Minuten andünsten. Salbei mit Rosmarin waschen, trocken schütteln, klein hacken und kurz mitdünsten. Mit Brühe ablöschen, Fleischstücke und Zimtstange dazugeben und bei mittlerer Hitze ca. 30 Minuten garen.

3 Kartoffeln schälen, in Würfel schneiden, zum Eintopf geben und weitere ca. 15 Minuten garen. Zimtstange entfernen, Essig unterrühren, mit Salz und Pfeffer abschmecken und geschmorten Kaninchentopf servieren.

8 SmartPoints Wert   1787 kJ | 427 kcal

Salbeignocchi mit Zucchini und Pancetta

Für 2 Personen Fertig in 30 Min. Davon aktiv 25 Min.

500 g Zucchini
1 Schalotte
6 Blätter Salbei
2 Scheiben Pancetta
2 TL Olivenöl
400 g Gnocchi (Kühltheke)
Salz, Pfeffer
1/2 TL abgeriebene unbehandelte Zitronenschale

1 Zucchini waschen, längs halbieren und in Scheiben schneiden. Schalotte schälen und würfeln. Salbei waschen, trocken schütteln und mit Pancetta in Streifen schneiden.

2 Öl in einer Pfanne auf mittlerer Stufe erhitzen und Zucchinischeiben mit Schalottenwürfeln darin 2–3 Minuten anbraten. Gnocchi nach Packungsanweisung in Salzwasser garen. Pancetta- und Salbeistreifen zu den Zucchinischeiben geben und weitere 2–3 Minuten braten.

3 Gnocchi abgießen, dabei 75 ml Kochwasser auffangen, beides in die Pfanne geben, mit Salz und Pfeffer abschmecken und mit Zitronenschale verfeinern. Salbeignocchi servieren.

12 SmartPoints Wert 1891 kJ | 452 kcal

Info

Pancetta ist ein aromatischer italienischer Bauchspeck, der mit Rosmarin und Salbei gewürzt und luftgetrocknet wird.

Sizilianischer Geflügelauflauf

Für 4 Personen **Fertig in 60 Min.** **Davon aktiv 20 Min.**

1 rote Zwiebel
2 Stangen Staudensellerie
400 g Cocktailtomaten
600 g Hähnchenbrustfilet
400 g weiße Bohnen (Konserve)
2 TL Olivenöl
2 Knoblauchzehen
1 EL gehackter Oregano
60 ml Wasser
1 EL Kapern
1/2 TL Chiliflocken
Salz, Pfeffer
100 g grüne Bohnen

1 Backofen auf 180° C (Gas: Stufe 2, Umluft: 160° C) vorheizen. Zwiebel schälen. Sellerie waschen und mit Zwiebel würfeln. Tomaten waschen. Hähnchenbrustfilet abspülen, trocken tupfen und in Stücke schneiden. Weiße Bohnen abspülen und abtropfen lassen.

2 Öl in einer Pfanne auf hoher Stufe erhitzen, Hähnchenbruststücke darin 1–2 Minuten rundherum anbraten und herausnehmen. Zwiebel- und Selleriewürfel im Bratensatz ca. 5 Minuten anbraten. Knoblauch dazupressen, Oregano zugeben und ca. 1 Minute mitdünsten. Mit Wasser ablöschen, Tomaten, Kapern und Chiliflocken zufügen, aufkochen und auf mittlerer Stufe ca. 5 Minuten köcheln lassen. Weiße Bohnen untermischen, mit Salz und Pfeffer würzen und kurz weitergaren.

3 Hähnchenbruststücke mit Gemüsesauce in eine Auflaufform (ca. 20 x 30 cm) geben und im Backofen auf mittlerer Schiene ca. 30 Minuten garen. Bohnen waschen, in Stücke schneiden, in Salzwasser ca. 8 Minuten garen und abgießen. Sizilianischen Geflügelauflauf mit grünen Bohnen servieren.

1 SmartPoints Wert 1335 kJ | 319 kcal

Tomatenrisotto mit Ziegenkäse

Für 2 Personen **Fertig in 35 Min.** **Davon aktiv 20 Min.**

4 getrocknete Tomaten ohne Öl
400 ml heiße Gemüsebrühe (2 TL Instantpulver)
1 Zwiebel
500 g Tomaten
1 TL Olivenöl
2 TL gehackter Thymian
140 g trockener Risottoreis
2 EL Ziegenfrischkäse, 45 % Fett i. Tr.
Salz, Pfeffer

1 Getrocknete Tomaten ca. 10 Minuten in 50 ml Brühe einweichen. Zwiebel schälen und würfeln. Tomaten waschen, entkernen und in feine Würfel schneiden. Getrocknete Tomaten abtropfen lassen, den Sud dabei auffangen und Tomaten hacken.

2 Öl in einem Topf auf mittlerer Stufe erhitzen und Zwiebelwürfel mit Thymian darin ca. 2 Minuten anschwitzen. Reis dazugeben und kurz mitdünsten. Mit etwas Brühe ablöschen, bis die Reiskörner knapp bedeckt sind und ca. 20 Minuten köcheln lassen, dabei unter Rühren regelmäßig restliche Brühe nachgießen.

3 Tomatenwürfel und getrocknete Tomaten samt Sud dazugeben und weitere ca. 5 Minuten garen. Ziegenfrischkäse zerbröseln, zum Risotto geben und kurz erwärmen. Tomatenrisotto mit Salz und Pfeffer abschmecken und servieren.

9 **SmartPoints Wert** 1661 kJ | 397 kcal

Balsamico-Zwiebel-Pizza

Für 12 Stücke Fertig in 55 Min. Davon aktiv 10 Min.

3 rote Zwiebeln
3 Zweige Thymian
1 TL Olivenöl
4 EL dunkler Balsamicoessig
5 EL Wasser
1 Knoblauchzehe
400 g stückige Tomaten (Konserve)
1 Packung Pizzateig (Frischprodukt, 400 g)
75 g Schafskäse, 25 % Fett i. Tr.

1 Backofen auf 200° C (Gas: Stufe 3, Umluft: 180° C) vorheizen. Zwiebeln schälen und in Spalten schneiden. Thymian waschen, trocken schütteln und hacken. Zwiebelspalten in eine Auflaufform (ca. 20 x 30 cm) geben, mit Öl und Essig beträufeln, Wasser darübergeben und mit Thymian bestreuen.

2 Im Backofen auf mittlerer Schiene ca. 30 Minuten garen, dabei nach der Hälfte der Garzeit wenden. Knoblauch hacken, mit Tomaten in einem Topf aufkochen und auf mittlerer Stufe 20–25 Minuten köcheln lassen.

3 Teig nach Packungsanweisung entrollen, auf ein mit Backpapier ausgelegtes Backblech legen und mit Tomatensauce bestreichen. Pizza mit gerösteten Zwiebeln belegen und Schafskäse darüberbröseln. Balsamico-Zwiebel-Pizza im Backofen 12–15 Minuten backen und servieren.

3 SmartPoints Wert 480 kJ | 115 kcal

Broccoli-Zitronen-Pasta mit Seelachswürfeln

Für 2 Personen   Fertig in 25 Min.   Davon aktiv 15 Min.

500 g Broccoli
200 g Seelachsfilet
1/2 unbehandelte Zitrone
1 Bund Basilikum
1 TL Mehl
175 ml Gemüsebrühe
(1 TL Instantpulver)
1 TL Olivenöl
Salz, Pfeffer
120 g trockene Penne

1 Broccoli waschen und in Röschen teilen. Seelachsfilet abspülen, trocken tupfen und würfeln. 1/2 TL Zitronenschale abreiben und Zitronenhälfte auspressen. Basilikum waschen, trocken schütteln und mit Zitronensaft, Mehl und 100 ml Brühe pürieren.

2 Öl in einer Pfanne auf hoher Stufe erhitzen, Seelachswürfel darin 4–5 Minuten rundherum braten, mit Salz und Pfeffer würzen und herausnehmen. Nudeln nach Packungsanweisung in Salzwasser garen.

3 Broccoliröschen im Bratensatz ca. 2 Minuten anbraten, mit restlicher Brühe ablöschen, mit Zitronenschale verfeinern und auf mittlerer Stufe ca. 8 Minuten köcheln lassen. Nudeln abgießen, mit Basilikumpüree zum Broccoli geben, kurz aufkochen und mit Salz und Pfeffer abschmecken. Seelachswürfel dazugeben, kurz erwärmen und Broccoli-Zitronen-Pasta servieren.

7 SmartPoints Wert   1710 kJ | 409 kcal

Italienische Bratkartoffeln mit Kalbsschnitzelstreifen

Für 2 Personen Fertig in 35 Min. Davon aktiv 25 Min.

500 g festkochende Kartoffeln
Salz, Pfeffer
1 rote Zwiebel
400 g Cocktailtomaten
1 Handvoll Rucola
300 g Kalbsschnitzel
1 TL Olivenöl
2 EL gehacktes Basilikum
1/2 TL geräuchertes Paprikapulver

1 Kartoffeln schälen, in Scheiben schneiden und in Salzwasser ca. 10 Minuten vorgaren. Zwiebel schälen und in Spalten schneiden. Tomaten waschen und halbieren. Rucola waschen und trocken schütteln. Kalbsschnitzel trocken tupfen und in Streifen schneiden.

2 Öl in einer Pfanne auf hoher Stufe erhitzen, Kalbsschnitzelstreifen darin 3–4 Minuten rundherum braten, mit Salz und Pfeffer würzen und herausnehmen. Kartoffelscheiben abgießen und mit Zwiebelspalten im Bratensatz ca. 3 Minuten braten. Tomatenhälften dazugeben und ca. 2 Minuten mitbraten.

3 Rucola, Basilikum und Kalbsschnitzelstreifen unter die Kartoffelscheiben heben und erwärmen. Italienische Bratkartoffeln mit Salz, Pfeffer und Paprikapulver würzen und servieren.

8 SmartPoints Wert 1725 kJ | 412 kcal

Delizioso

Für noch mehr „Dolce Vita“ kannst du die Bratkartoffeln vor dem Servieren mit 30 g geriebenem Parmesan bestreuen. Der SmartPoints Wert pro Person erhöht sich auf 10.

Bunte Gemüsegnocchi

Für 1 Person   Fertig in 40 Min.   Davon aktiv 15 Min.

1 rote Zwiebel
150 g Cocktailtomaten
1 Zucchini
2 Knoblauchzehen
50 g Mais (Konserve)
150 g Gnocchi (Frischprodukt)
einige Blätter Basilikum
1 EL geriebener Parmesan

1 Backofen auf 200° C (Gas: Stufe 3, Umluft: 180° C) vorheizen. Zwiebel schälen und in dünne Spalten schneiden. Tomaten waschen. Zucchini waschen und in Scheiben schneiden. Knoblauch hacken.

2 Zwiebelspalten, Tomaten, Zucchinischeiben und Knoblauch in eine Auflaufform (ca. 15 x 20 cm) geben und im Backofen auf mittlerer Schiene 20–25 Minuten garen. Mais abgießen, ca. 5 Minuten vor Ende der Garzeit dazugeben und mitgaren.

3 Gnocchi nach Packungsanweisung in Salzwasser garen, abgießen und unter das Gemüse mischen. Basilikum waschen, trocken schütteln und hacken. Gemüsegnocchi mit Parmesan bestreuen und mit Basilikum garniert servieren.

8 SmartPoints Wert   1581 kJ | 378 kcal

Risotto mare e monti

Für 2 Personen   Fertig in 45 Min.   Davon aktiv 35 Min.

200 g Meeresfrüchte-Mischung (TK)
1 Schalotte
500 g braune Champignons
1 EL getrocknete Steinpilze
50 ml warmes Wasser
1 Zweig Rosmarin
2 TL Olivenöl
140 g trockener Risottoreis
1 TL Tomatenmark
400 ml heiße Gemüsebrühe (2 TL Instantpulver)
2 EL geriebener Parmesan
Salz, Pfeffer

1 Meeresfrüchte auftauen lassen. Schalotte schälen und fein würfeln. Champignons trocken abreiben und in Scheiben schneiden. Steinpilze in Wasser ca. 10 Minuten einweichen. Rosmarin waschen, trocken schütteln und hacken.

2 1 TL Öl in einem Topf auf niedriger Stufe erhitzen und Schalottenwürfel mit Risottoreis darin glasig andünsten. Tomatenmark und Rosmarin zugeben und kurz mitdünsten. Steinpilze abtropfen lassen und den Sud dabei auffangen. Reis mit Brühe und Steinpilzsud ablöschen, bis die Reiskörner knapp bedeckt sind. Risotto 25–30 Minuten garen, dabei unter Rühren regelmäßig Brühe nachgießen.

3 Restliches Öl in einer Pfanne auf mittlerer Stufe erhitzen und Champignonscheiben darin 5–6 Minuten braten. Steinpilze grob hacken, mit Champignonscheiben und Meeresfrüchten ca. 5 Minuten vor Ende der Garzeit zum Risotto geben und erwärmen. Risotto mit Parmesan verfeinern, mit Salz und Pfeffer abschmecken und servieren.

10 SmartPoints Wert   1935 kJ | 463 kcal

Lasagne mit Bolognesesauce

Für 8 Personen Fertig in 1 Std. 40 Min. Davon aktiv 30 Min.

2 Zwiebeln
2 Karotten
2 Stangen Staudensellerie
1 Knoblauchzehe
2 EL Olivenöl
450 g Tatar
120 ml trockener Rotwein (11,5 Vol.-%)
1,5 kg stückige Tomaten (Konserve)
3 EL Tomatenmark
2 TL getrockneter Oregano
1/4 TL Paprikaflocken (ersatzweise Paprikapulver)
Salz, Pfeffer
2 EL gehacktes Basilikum
220 g Ricotta
1 Ei (Größe M)
50 g geriebener Parmesan
1 TL gehackte glatte Petersilie
250 g fettreduzierter Mozzarella
16 trockene Vollkorn-Lasagneblätter

1 Zwiebeln und Karotten schälen, Sellerie waschen und alles würfeln. Knoblauch hacken. Öl in einer großen Pfanne auf mittlerer Stufe erhitzen und Zwiebel-, Karotten- und Selleriewürfel mit Knoblauch darin ca. 15 Minuten dünsten. Tatar zugeben, krümelig braten, mit Wein ablöschen und weiterbraten, bis die Flüssigkeit verkocht ist.

2 Tomaten, Tomatenmark, Oregano und Paprikaflocken unterrühren, mit Salz und Pfeffer kräftig würzen und ca. 20 Minuten köcheln lassen. Sauce mit Basilikum verfeinern. Backofen auf 200° C (Gas: Stufe 3, Umluft: 180° C) vorheizen. Für die Füllung Ricotta mit Ei, Parmesan und Petersilie verrühren. Mozzarella trocken tupfen und in dünne Scheiben schneiden.

3 Abwechselnd Tatarsauce, Ricottamasse, 200 g Mozzarellascheiben und Lasagneblätter in eine tiefe Auflaufform (ca. 20 x 30 cm) schichten, dabei mit Tatarsauce beginnen und abschließen. Lasagne mit Alufolie bedecken und im Backofen auf mittlerer Schiene 35–40 Minuten backen. Alufolie entfernen, mit restlichen Mozzarellascheiben belegen, weitere ca. 5 Minuten backen und Lasagne servieren.

11 SmartPoints Wert 1839 kJ | 440 kcal

Saltimbocca vom Schweinefilet mit glasierten Karotten

Für 2 Personen Fertig in 30 Min. Davon aktiv 15 Min.

200 g neue Kartoffeln
Salz, Pfeffer
300 g kleine Bundmöhren
2 Schweinefilets (à 130 g)
4 Salbeiblätter
2 Scheiben italienischen Prosciutto-Schinken
2 TL Mehl
1 TL Zucker
1 1/2 EL Halbfettmargarine
50 ml Marsalawein
100 ml Gemüsebrühe (1/2 TL Instantpulver)

1 Kartoffeln waschen, die größeren halbieren und ca. 12 Minuten in Salzwasser garen. Karotten schälen, längs halbieren und ca. 2 Minuten vor Ende der Garzeit zu den Kartoffeln geben.

2 Schweinefilets trocken tupfen, flacher klopfen und salzen. Salbei waschen und trocken schütteln. Je 1 Scheibe Schinken und 2 Salbeiblätter auf ein Schweinefilet legen, fixieren, mit Mehl bestäuben und überschüssiges Mehl abschütteln.

3 Gemüse abgießen, dabei ca. 2 EL Kochwasser auffangen und im Topf lassen. Kartoffeln warm stellen, Karotten mit Zucker und 1/2 EL Margarine in den Topf geben und auf hoher Stufe weitergaren, bis die Flüssigkeit verkocht ist, dabei gelegentlich umrühren.

4 Restliche Margarine in einer Pfanne auf mittlerer Stufe erhitzen, Saltimbocca darin 2–3 Minuten von jeder Seite braten, mit Salz und Pfeffer würzen, herausnehmen und warm stellen.

5 Wein und Brühe in die Pfanne gießen, ca. 2 Minuten einreduzieren lassen, bis die Flüssigkeit sirupartig ist und mit Salz und Pfeffer würzen. Saltimbocca mit Kartoffeln, Karotten und Sauce servieren.

8 SmartPoints Wert 1584 kJ | 379 kcal

Spargel-Tagliatelle mit Lachs und Zitronensauce

Für 2 Personen   Fertig in 40 Min.   Davon aktiv 30 Min.

500 g grüner Spargel
Salz, grob gemahlener Pfeffer
2 Zwiebeln
1/2 unbehandelte Zitrone
1 TL Rapsöl
300 ml Gemüsebrühe (1 1/2 TL Instantpulver)
100 ml Cremefine zum Kochen, 15 % Fett
120 g trockene Tagliatelle
150 g Lachsfilet
1 EL gehacktes Basilikum

1 Spargel waschen, das untere Drittel schälen und Spargel in Stücke schneiden. Spargelstücke in Salzwasser ca. 5 Minuten vorgaren. Zwiebeln schälen und in Würfel schneiden. 2 TL Zitronenschale abreiben und Zitronenhälfte auspressen. Spargelstücke abgießen.

2 Öl in einem Topf auf mittlerer Stufe erhitzen, Zwiebelwürfel darin ca. 3 Minuten dünsten und mit Zitronensaft ablöschen. Brühe und Cremefine angießen und Sauce ca. 5 Minuten köcheln lassen. Nudeln nach Packungsanweisung in Salzwasser garen.

3 Lachsfilet abspülen, trocken tupfen und in Streifen schneiden. Sauce pürieren und mit Basilikum und Zitronenschale verfeinern. Lachsstreifen mit Spargelstücken zur Sauce geben und ca. 5 Minuten gar ziehen lassen. Nudeln abgießen und unter die Sauce heben. Spargel-Tagliatelle mit Salz und Pfeffer abschmecken und servieren.

10 SmartPoints Wert   2279 kJ | 545 kcal

Info

Die Zitronensauce passt zu vielen Fischsorten, Garnelen und Geflügel – auch zu Spargel pur ist sie ein leichter Begleiter.

Parmesanpolenta mit italienischer Hackbällchensauce

Für 2 Personen Fertig in 45 Min. Davon aktiv 35 Min.

2 Schalotten
2 TL Kapern
300 g Putenbrustfilet
1 Eigelb (Größe M)
3 TL gehackter Thymian
1/2 TL Senf
Salz, Pfeffer
2 TL Olivenöl
800 g passierte Tomaten (Konserve)
500 ml Gemüsebrühe (2 TL Instantpulver)
100 g trockene Polenta (Maisgrieß)
3 EL geriebener Parmesan
2 EL gehacktes Basilikum
1/2 TL Paprikapulver

1 Schalotten schälen und fein würfeln. Kapern hacken. Putenbrustfilet abspülen, trocken tupfen, zuerst in Streifen schneiden und anschließend fein hacken. Gehacktes Putenfleisch mit Eigelb, 1 EL Schalottenwürfeln, Kapern, 2 TL Thymian, Senf, Salz und Pfeffer verkneten und zu 16 kleinen Bällchen formen.

2 Öl in einer Pfanne auf mittlerer bis hoher Stufe erhitzen und Hackbällchen darin ca. 5 Minuten rundherum anbraten. Restliche Schalottenwürfel zufügen, mit Tomaten und 150 ml Brühe ablöschen und kräftig mit Salz und Pfeffer würzen. Sauce mit Deckel auf mittlerer Stufe ca. 15 Minuten köcheln lassen.

3 Restliche Brühe in einem Topf aufkochen, Polenta einrühren und auf niedriger Stufe ca. 5 Minuten quellen lassen. Parmesan und Basilikum in der Polenta verrühren und mit Salz und Pfeffer abschmecken. Hackbällchensauce mit Salz, Pfeffer und Paprikapulver abschmecken und mit restlichem Thymian verfeinern. Polenta mit Hackbällchensauce servieren.

9 SmartPoints Wert 2541 kJ | 607 kcal

Rigatoniauflauf mit Mangold

Für 4 Personen Fertig in 65 Min. Davon aktiv 30 Min.

2 Zwiebeln
1 Knoblauchzehe
500 g Mangold
320 g trockene Rigatoni
Salz, Pfeffer
1 TL Rapsöl
800 g stückige Tomaten (Konserve)
1 EL Paprikapulver
100 g geriebener Käse, 30 % Fett i. Tr.

1 Zwiebeln schälen und würfeln. Knoblauch pressen. Mangold waschen, trocken schleudern und weiße Stiele von den Blättern schneiden. Blätter in breite und Stiele in feine Streifen schneiden. Backofen auf 180° C (Gas: Stufe 2, Umluft: 160° C) vorheizen.

2 Nudeln nach Packungsanweisung in Salzwasser garen. Öl in einer Pfanne auf mittlerer Stufe erhitzen und Zwiebelwürfel mit Knoblauch darin 3–4 Minuten anbraten. Mangoldstreifen dazugeben, ca. 2 Minuten andünsten und mit Tomaten ablöschen. Mangoldsauce mit Paprikapulver würzen und mit Salz und Pfeffer abschmecken.

3 Nudeln abgießen, mit Mangoldsauce vermischen und in eine Auflaufform (ca. 25 x 35 cm) geben. Rigatoniauflauf mit Käse bestreuen, im Backofen auf mittlerer Schiene ca. 30 Minuten backen und servieren.

10 SmartPoints Wert 1816 kJ | 434 kcal

Kalbsgeschnetzeltes mit Oliven und Artischockenherzen

Für 2 Personen   Fertig in 45 Min.   Davon aktiv 35 Min.

250 g Kalbsschnitzel
1 Dose Artischockenherzen in Lake (210 g Abtropfgewicht)
250 g Tomaten
2 Stangen Staudensellerie
1 Stängel Salbei
50 g entsteinte schwarze Oliven in Lake
1 TL Olivenöl
Salz, Pfeffer
150 ml Gemüsebrühe (1/2 TL Instantpulver)
1 Radicchio
1 Frühlingszwiebel
1 Karotte
80 g Magermilchjoghurt
1 EL heller Balsamicoessig
1 EL italienische Kräuter
1 Prise Zucker

1 Kalbsschnitzel trocken tupfen und in Streifen schneiden. Artischockenherzen abgießen und vierteln. Tomaten waschen und in grobe Würfel schneiden, Sellerie waschen und würfeln. Salbei waschen, trocken schütteln und hacken. Oliven halbieren.

2 Öl in einer Pfanne auf mittlerer bis hoher Stufe erhitzen und Kalbsschnitzelstreifen darin ca. 3 Minuten rundherum braten. Mit Salz und Pfeffer würzen und herausnehmen. Selleriewürfel und Salbei im Bratensatz kurz mitbraten. Mit Brühe ablöschen, aufkochen lassen, Olivenhälften und Tomatenwürfel dazugeben und auf niedriger Stufe ca. 20 Minuten köcheln lassen.

3 Radicchio waschen, trocken schleudern und in mundgerechte Stücke zerteilen. Frühlingszwiebel waschen und in Ringe schneiden. Karotte schälen und raspeln. Für das Dressing Joghurt mit Essig, Kräutern, Zucker, Salz und Pfeffer verrühren. Radicchio, Frühlingszwiebelringe, Karottenraspel und Dressing vermischen.

4 Kalbsschnitzelstreifen und Artischockenviertel zum Gemüse geben und ca. 2 Minuten erwärmen. Kalbsgeschnetzeltes mit Salz und Pfeffer abschmecken und mit Salat servieren.

4 SmartPoints Wert   1453 kJ | 347 kcal

Süße Verführung

Eierlikörtorte mit Cantuccini

Für 12 Stücke   Fertig in 70 Min.   Davon aktiv 45 Min.

3 Eier (Größe M)
1 Prise Salz
90 g Zucker
80 g Mehl
1 TL Backpulver
100 g Cantuccini
6 Blatt Gelatine
500 g Magerquark
400 g Frischkäse, bis 5 % Fett absolut
200 ml Eierlikör

1 Backofen auf 180° C (Gas: Stufe 2, Umluft: 160° C) vorheizen. Eier trennen und Eiweiß mit Salz steif schlagen. Eigelb mit 50 g Zucker ca. 8 Minuten schaumig schlagen. Mehl mit Backpulver mischen. Eischnee mit Mehlmischung auf die Zucker-Eigelb-Masse geben und vorsichtig unterheben. Teig in eine mit Backpapier ausgelegte Springform (Ø 26 cm) füllen, im Backofen auf mittlerer Schiene ca. 15 Minuten backen und auskühlen lassen.

2 Cantuccini in einen Gefrierbeutel geben und mit einem Nudelholz zerkleinern. Gelatine nach Packungsanweisung einweichen und auflösen. Für die Creme Quark mit Frischkäse, 180 ml Eierlikör und restlichem Zucker glatt rühren. 5 EL der Creme nach und nach unter die Gelatine rühren und mit restlicher Creme verrühren. Cantuccinibrösel unterheben. Tortenring um den Boden legen, Creme darauf verstreichen und ca. 3 Stunden kalt stellen. Eierlikörtorte mit restlichem Eierlikör beträufeln und servieren.

8 **SmartPoints Wert** 945 kJ | 226 kcal

Zitronen-Kirsch-Tiramisu im Glas

Für 4 Personen   Fertig in 15 Min.   Davon aktiv 15 Min.

6 Löffelbiskuits
1/2 unbehandelte Zitrone
200 g Kirschen (ersatzweise TK)
200 g Skyr, Natur
1 EL Zucker
1/2 TL Kakaopulver

1 Löffelbiskuits in einen Gefrierbeutel geben, mit einem Nudelholz oder Fleischklopfer zerkleinern und die Hälfte der Löffelbiskuits auf 4 Gläser (Inhalt ca. 150 ml) verteilen. Zitronenschale abreiben und Zitronenhälfte auspressen. Kirschen waschen, entsteinen und halbieren, TK-Kirschen gegebenenfalls auftauen lassen.

2 Skyr mit Zitronensaft, -schale und Zucker verrühren und die Hälfte der Creme auf den Löffelbiskuits verteilen. Zwei Drittel der Kirschhälften auf die Creme geben, mit restlichen Löffelbiskuits bestreuen und restliche Creme daraufgeben. Zitronen-Kirsch-Tiramisu mit restlichen Kirschen garnieren und mit Kakaopulver bestäubt servieren.

2 SmartPoints Wert   458 kJ | 110 kcal

Espressomuffins mit Chia-Samen

Für 12 Stück   Fertig in 45 Min.   Davon aktiv 15 Min.

2 EL Chia-Samen
6 EL warmes Wasser
3 TL Instant-Espressopulver
120 g brauner Zucker
1 Päckchen Vanillezucker
200 g Mehl
1 EL Kakaopulver
1 TL Backpulver
200 ml Sojadrink, Natur
4 EL Rapsöl

1. Chia-Samen mit Wasser und Espressopulver verrühren und ca. 10 Minuten ziehen lassen, dabei gelegentlich umrühren. Backofen auf 180° C (Gas: Stufe 2, Umluft: 160° C) vorheizen.

2. Zucker, Vanillezucker, Mehl, Kakao-, Backpulver, Sojadrink, Öl und Chia-Mischung zu einem Teig verrühren.

3. Teig in 12 Silikon-Muffinförmchen füllen, im Backofen auf mittlerer Schiene 25–30 Minuten backen und auskühlen lassen. Espressomuffins servieren.

6 SmartPoints Wert   665 kJ | 159 kcal

Wusstest du schon?

Chia-Samen standen angeblich schon bei den Mayas auf dem Speisezettel. Die kleinen Körner sind eine ideale Quelle für mehrfach ungesättigte Fettsäuren und Kalzium.

Beeren-Tartelettes mit Mascarpone

Für 6 Stück   Fertig in 45 Min.   Davon aktiv 25 Min.

1 Ei (Größe M)
50 g Zucker
50 g Halbfettmargarine
50 g Mehl
1 TL Backpulver
1 EL gemahlene Haselnüsse
100 g Frischkäse, bis 5 % Fett absolut
30 g Mascarpone
1 TL Honig
200 g gemischte Beeren (z. B. Himbeeren, Brombeeren, Heidelbeeren, Johannisbeeren)

1 Backofen auf 180° C (Gas: Stufe 2, Umluft: 160° C) vorheizen. Ei mit Zucker und 40 g Margarine schaumig schlagen. Mehl mit Backpulver und Haselnüssen mischen und unter die Margarinemischung heben.

2 6 Tarteletteförmchen mit restlicher Margarine fetten und Teig darin verteilen. Tartelettes im Backofen auf mittlerer Schiene ca. 10 Minuten backen und auskühlen lassen.

3 Für die Creme Frischkäse mit Mascarpone verrühren und mit Honig verfeinern. Beeren waschen und trocken tupfen. Creme auf den Tartelettes verteilen und Beeren daraufsetzen. Beeren-Tartelettes servieren.

6 SmartPoints Wert   708 kJ | 169 kcal

So geht's leichter

Die Tartelettes lassen sich am besten lauwarm aus der Form lösen. Im Herbst kannst du sie gut mit Aprikosen- oder Pflaumenspalten belegen.

Kuppel-Eistorte mit Amarettini

Für 12 Stücke Fertig in 25 Min. Davon aktiv 25 Min.

700 g Erdbeeren
1/2 Vanilleschote
60 g Amarettini
500 g Frischkäse, bis 5 % Fett absolut
200 g fettarmer Joghurt
300 g Schmand
70 g Zucker
40 g Schokoladenstreusel

1 Erdbeeren waschen, trocken tupfen, grob würfeln und 300 g pürieren. Restliche Erdbeeren fein würfeln. Vanilleschote längs aufschneiden und das Mark herauskratzen. Amarettini in einen Gefrierbeutel geben und mit einem Nudelholz zerkleinern.

2 Frischkäse mit Joghurt, Schmand, Vanillemark, Zucker und Erdbeerpüree glatt rühren. Amarettinibrösel mit Schokoladenstreuseln und Erdbeerwürfeln unterheben. Creme in eine mit Frischhaltefolie ausgelegte halbrunde Schüssel (Inhalt ca. 2 Liter) füllen und über Nacht einfrieren. Kuppel-Eistorte ca. 1 Stunde antauen lassen, aus der Schüssel stürzen und servieren.

8 SmartPoints Wert 791 kJ | 189 kcal

Bellissima

Nach Wunsch kannst du einige Erdbeeren, Amarettinibrösel und Schokoladenstreusel beiseitestellen und die gestürzte Torte damit garnieren.

Crema con ciliegia

Für 2 Personen **Fertig in 20 Min.** **Davon aktiv 10 Min.**

250 g Magerquark
2 EL fettreduzierter Mascarpone
1 TL Vanillezucker
1 kleines Glas Kirschen ohne Zucker (185 g Abtropfgewicht)
4 Zwiebäcke
1 Banane
1/2 TL Kakaopulver

1 Quark mit Mascarpone und Vanillezucker glatt rühren. Kirschen abtropfen lassen, dabei 2 EL Kirschsaft auffangen. Zwiebäcke in Stücke brechen, auf 2 Schälchen verteilen und mit Kirschsaft beträufeln.

2 Die Hälfte der Mascarponecreme auf den Zwiebackstücken verteilen. Banane schälen, in Scheiben schneiden und mit Kirschen auf die Creme geben. Mit restlicher Creme bedecken, mit Kakaopulver bestäuben und ca. 10 Minuten ziehen lassen. Crema con ciliegia servieren.

9 SmartPoints Wert 1423 kJ | 340 kcal

Biscotti – Keks auf italienisch

Das knusprige Traditionsgebäck, verfeinert mit raffinierten Zutaten, ist die perfekte süße Kaffeebeilage oder auch mal so für zwischendurch.

Pistazien-Feigen-Biscotti

Für 20 Stück **Fertig in 50 Min.** **Davon aktiv 20 Min.**

1 Backofen auf 180° C (Gas: Stufe 2, Umluft: 160° C) vorheizen. 65 g getrocknete Feigen fein würfeln und 45 g Pistazien fein hacken. 110 g Zucker mit 1 Ei (Größe M) und 1 Eigelb (Größe M) ca. 4 Minuten schaumig schlagen. 150 g Mehl mit 1/2 TL Backpulver vermischen und vorsichtig unterheben. Feigenwürfel und gehackte Pistazien unterheben.

2 Arbeitsfläche mit 5 g Mehl bestäuben, Teig zu einem Laib (ca. 25 cm lang, 3 cm hoch) formen und im Backofen auf mittlerer Schiene ca. 30 Minuten backen. Biscotti ca. 30 Minuten auskühlen lassen, mit einem Messer in 20 Stücke schneiden und wieder auf das Backblech geben. Im Backofen bei 140° C (Gas: Stufe 1, Umluft: 120° C) weitere ca. 20 Minuten trocknen. Pistazien-Feigen-Biscotti auskühlen lassen und servieren.

3 **SmartPoints Wert** 328 kJ | 78 kcal

Kokos-Mandel-Biscotti

Für 20 Stück Fertig in 50 Min. Davon aktiv 20 Min.

1 Backofen auf 180° C (Gas: Stufe 2, Umluft: 160° C) vorheizen. 1 Vanilleschote längs aufschneiden und das Mark herauskratzen. 55 g geschälte Mandeln fettfrei in einer Pfanne auf mittlerer Stufe 2–3 Minuten rösten und abkühlen lassen. 110 g Zucker mit Vanillemark, 1 Ei (Größe M) und 1 Eigelb (Größe M) ca. 4 Minuten schaumig schlagen. 110 g Mehl mit 1/2 TL Backpulver vermischen, 20 g Kokosraspel und geröstete Mandeln vorsichtig unterheben.

2 Arbeitsfläche mit 5 g Mehl bestäuben, Teig zu einem Laib (ca. 25 cm lang, 3 cm hoch) formen und im Backofen auf mittlerer Schiene ca. 30 Minuten backen. Biscotti ca. 30 Minuten auskühlen lassen, mit einem Messer in 20 Stücke schneiden und wieder auf das Backblech geben. Im Backofen bei 140° C (Gas: Stufe 1, Umluft: 120° C) weitere ca. 20 Minuten trocknen. Kokos-Mandel-Biscotti auskühlen lassen und servieren.

3 SmartPoints Wert 307 kJ | 73 kcal

Wusstest du schon?

Biscotti werden wie der deutsche Zwieback doppelt gebacken, so werden sie länger haltbar und gleichzeitig mürbe, haben aber viel mehr Geschmack als der Zwieback.

SmartPoints Register

SmartPoints	Rezept							Seite
0	Geröstete Paprika mit Fenchel	●	●	●	●	●		36
	Mediterrane Thunfischcreme					●		18
1	Blumenkohl-Pizza-Häppchen					●		28
	Gegrillte Antipasti	●	●	●	●	●		47
	Sizilianischer Geflügelauflauf			●	●	●		66
	Würziger Bohneneintopf mit Steckrübe	●	●			●	●	12
2	Bunter Tomatensalat mit Mozzarellakugeln	●				●		23
	Klassische Tomatensuppe					●	●	40
	Paprika-Bruschetta mit Schafskäse	●				●		43
	Warmer Tomaten-Auberginensalat	●	●	●	●	●		27
	Zitronen-Kirsch-Tiramisu im Glas	●				●		97
3	Auberginentürmchen mit Oreganocreme	●				●		16
	Balsamico-Zwiebel-Pizza	●				●		70
	Focacciaecken mit Oliven-Käse-Dip	●				●		39
	Kokos-Mandel-Biscotti	●			●			107
	Mini-Pesto-Toast-Spieße					●		24
	Paprika-Pizza mit Geflügelbällchen					●		54
	Pistazien-Feigen-Biscotti	●			●	●		106
	Schafskäsecreme mit getrockneten Tomaten und Basilikum	●				●		31
4	Frühlingsminestrone					●	●	35
	Garnelen-Chorizo-Frittata					●		61
	Kalbsgeschnetzeltes mit Oliven und Artischockenherzen					●		90
5	Italienische Zwiebelsuppe mit Parmesanbrot					●		20
	Mini-Calzone mit Schinken und Champignons					●	●	15
6	Beeren-Tartelettes mit Mascarpone	●						101
	Espressomuffins mit Chia-Samen	●	●		●	●	●	98

einfrieren

	Rezept							Seite
7	Broccoli-Zitronen-Pasta mit Seelachswürfeln					●		73
8	Bunte Gemüsegnocchi					●		77
	Eierlikörtorte mit Cantuccini							94
	Geschmorter Kaninchentopf					●		62
	Italienische Bratkartoffeln mit Kalbsschnitzelstreifen			●	●	●		74
	Kuppel-Eistorte mit Amarettini	●				●	●	102
	Mediterrane Quesadilla mit gegrillter Zucchini					●		8
	Monte Cristo Sandwiches					●		32
	Saltimbocca vom Schweinefilet mit glasierten Karotten					●		82
9	Crema con ciliegia	●				●		105
	Nudel-Risotto mit Lauch und Spargel					●	●	52
	Parmesanpolenta mit italienischer Hackbällchensauce					●		86
	Pasta Colore					●		50
	Tomatenrisotto mit Ziegenkäse	●				●		69
10	Antipasti Brotsalat mit Mozzarella	●				●		11
	Rigatoniauflauf mit Mangold	●				●		89
	Risotto mare e monti					●		78
	Rosmarin-Bohnen-Eintopf					●	●	44
	Spaghetti Carbonara mit Römersalat					●		58
	Spargel-Tagliatelle mit Lachs und Zitronensauce					●		85
11	Gratinierte Riesenmuschelnudeln mit Frischkäsefüllung	●				●		57
	Lasagne mit Bolognesesauce					●	●	81
12	Salbeignocchi mit Zucchini und Pancetta					●		65

Die Kennzeichnung wie zum Beispiel „vegetarisch“, „vegan“, „gluten-“, „laktose-“ oder „nussfrei“ bei den Rezepten ist rein informativ und nicht verbindlich. Es liegt in der persönlichen Verantwortung zu prüfen, ob die verwendeten Lebensmittel die Anforderungen erfüllen.

Alphabetisches Register

A

Antipasti Brotsalat mit Mozzarella 11
Auberginentürmchen mit Oreganocreme 16

B

Balsamico-Zwiebel-Pizza 70
Beeren-Tartelettes mit Mascarpone 101
Blumenkohl-Pizza-Häppchen 28
Broccoli-Zitronen-Pasta mit Seelachswürfeln 73
Bunte Gemüsegnocchi 77
Bunter Tomatensalat mit Mozzarellakugeln 23

C

Crema con ciliegia 105

E

Eierlikörtorte mit Cantuccini 94
Espressomuffins mit Chia-Samen 98

F

Focacciaecken mit Oliven-Käse-Dip 39
Frühlingsminestrone 35

G

Garnelen-Chorizo-Frittata 61
Gegrillte Antipasti 47
Geröstete Paprika mit Fenchel 36
Geschmorter Kaninchentopf 62
Gratinierte Riesenmuschelnudeln mit Frischkäsefüllung 57

I

Italienische Bratkartoffeln mit Kalbsschnitzelstreifen 74
Italienische Zwiebelsuppe mit Parmesanbrot 20

K

Kalbsgeschnetzeltes mit Oliven und Artischockenherzen 90
Klassische Tomatensuppe 40
Kokos-Mandel-Biscotti 107
Kuppel-Eistorte mit Amarettini 102

L

Lasagne mit Bolognesesauce 81

M

Mediterrane Quesadilla mit gegrillter Zucchini 8
Mediterrane Thunfischcreme 18
Mini-Calzone mit Schinken und Champignons 15
Mini-Pesto-Toast-Spieße 24
Monte Cristo Sandwiches 32

N

Nudel-Risotto mit Lauch und Spargel 52

P

Paprika-Bruschetta mit Schafskäse 43
Paprika-Pizza mit Geflügelbällchen 54
Parmesanpolenta mit italienischer Hackbällchensauce 86
Pasta Colore 50
Pistazien-Feigen-Biscotti 106

R

Rigatoniauflauf mit Mangold 89
Risotto mare e monti 78
Rosmarin-Bohnen-Eintopf 44

S

Salbeignocchi mit Zucchini und Pancetta 65
Saltimbocca vom Schweinefilet mit glasierten Karotten 82
Schafskäsecreme mit getrockneten Tomaten und Basilikum 31
Sizilianischer Geflügelauflauf 66
Spaghetti Carbonara mit Römersalat 58
Spargel-Tagliatelle mit Lachs und Zitronensauce 85

T

Tomatenrisotto mit Ziegenkäse 69

W

Warmer Tomaten-Auberginensalat 27
Würziger Bohneneintopf mit Steckrübe 12

Z

Zitronen-Kirsch-Tiramisu im Glas 97

Impressum

Redaktion
WW Deutschland
Claudia Braun, Iris Hermann, Claudia Thienel

Rezepte & Realisierung
Food Professionals Köhnen GmbH, Sprockhövel
Silke Höpker, Ingrid Schmand, Dennis Webers

Fotografie
Klaus Arras, Michael Bernhardi, Florian Bonanni, Carsten Eichner, Tobias Pankrath, Dirk Przibylla, Hubertus Schüler, WW International

Foodstyling
Myriam Banderob, Daniel Blodau, Ingo Breuer, Katja Briol, Marc Fleischer, Sylvia Hartmann, Maren Jahnke, Thomas Lauterbach, Stefan Mungenast, Jörg Schmitz, WW International

Bildnachweise
WW International

Gestaltungskonzept & Grafik
Niehaus Knüwer and friends GmbH
Werbeagentur, Düsseldorf
Food Professionals Köhnen GmbH, Sprockhövel

Druck
paffrath print & medien GmbH, Remscheid

2. Auflage 2019

WW (Deutschland) GmbH
www.ww.com
Info-Hotline 0211-3805 3813
ISBN 978-3-9819029-7-6

PEFC zertifiziert. Dieses Papier stammt aus nachhaltig bewirtschafteten Wäldern und kontrollierten Quellen. www.pefc.de

Das Stillbuch

Meinen Kindern Anya und Kerry gewidmet,
ohne die dieses Buch nie zustande gekommen wäre.

Solange Kinder noch klein sind,
gib ihnen tiefe Wurzeln;
wenn sie älter geworden sind, gib ihnen Flügel.

INDISCHES SPRICHWORT